Cornelia Funke

Strandgeschichten

Zeichnungen von Karin Schliehe
und Bernhard Mark

Loewe

Die Deutsche Bibliothek – CIP-Einheitsaufnahme:

Funke, Cornelia:
Leselöwen-Strandgeschichten / Cornelia Funke.
– 1. Aufl. – Bindlach : Loewe, 1999
(Leselöwen)
ISBN 3-7855-3366-7

Dieses Buch ist auf chlorfrei gebleichtem Papier gedruckt.

ISBN 3-7855-3366-7 – 1. Auflage 1999
© 1999 Loewe Verlag GmbH, Bindlach
Umschlagillustration: Karin Schliehe/Bernhard Mark

Inhalt

Die Flaschenpost 9
Dünenschweine 18
Kleine Brüder 30
Fremde Worte 38
Bunte Schuppen 46
Das beste Fundstück 53

Die Flaschenpost

Der achte Urlaubstag fing genauso an wie die anderen. Gleich nach dem Frühstück fuhren sie alle an den Strand. Mias Vater verzog sich in den Schatten und las Zeitung, Mama und Nora, Mias große Schwester, cremten sich ein, bis sie glänzten, und legten sich in die Sonne.

Zuerst vertrieb Mia sich die Langeweile damit, dass sie *Salzen und Pfeffern* spielte und Nora Sand auf den eingecremten Bauch streute. Meistens machte Nora das so wütend, dass sie Mia den ganzen Strand entlangjagte, was ziemlichen Spaß machte. Aber heute wischte Nora sich bloß den Sand vom Bauch und sagte, ohne die Augen zu öffnen: „Bau dir 'ne Sandburg, Kleine, und kriech ganz tief rein, ja?"

Mia hatte natürlich keine Lust, alberne Baby-Sandburgen zu bauen, und für eine richtig große Sandburg war kein Platz zwischen all den Bäuchen und Beinen. Also hockte Mia nur da, bohrte die Zehen in den Sand, starrte aufs Meer hinaus und guckte alle zehn Minuten auf ihre wasserfeste Uhr. Um eins ging ihr Vater immer mit ihr Eis essen. Aber das dauerte noch ewig.

   Das Meer leckte an ihren Zehen. Eine leere Flasche Sonnencreme schwamm auf dem Wasser, ein paar Eisstiele, eine Sandale und, etwas weiter weg, eine grüne Flasche. Irgendwas steckte da drin, etwas Weißes. Sah aus wie ein zusammengerollter Zettel …

   Eine Flaschenpost! Mia sah sich um. Niemand sonst schien die Flasche bemerkt zu haben. Schnell lief sie ins Meer und fischte sie aus dem Wasser. Dann setzte sie sich wieder in den Sand und lugte neugierig durch das grüne Glas. Ja, da steckte ein zusammengerolltes Stück Papier drin. Und es war auch was draufgeschrieben. Mia zerrte erst mit den Fingern am Korken, dann mit den Zähnen. Endlich flutschte er raus.

Das Blatt war ein bisschen feucht geworden. Mia rollte es auseinander und strich es mit sandigen Fingern glatt.

Wer dies Geheimnis löst, las sie, *kriegt einen Schatz. Folge den fünf schwarzen Steinen, und finde das, was blaue Punkte hat.*

Erstaunt guckte Mia sich um.

Schwarze Steine. Wie sollte sie in dem Menschengewimmel schwarze Steine finden? Sie stand auf und schlenderte suchend am Wasser entlang. Tatsächlich, da lag ein schwarzer Stein. Den nächsten fand Mia zwei Meter weiter. Eine Frau wollte gerade ihre Strandtasche draufstellen. Der dritte lag ein ganzes Stück weiter auf einem leeren Handtuch, und der vierte schmückte die Spitze einer Sandburg. Mia nahm ihn in die Hand und sah sich um.

Lauter fremde Gesichter. Hatte sie sich jetzt verlaufen? Nein, dahinten wälzte Nora sich gerade vom Bauch auf den Rücken. Beruhigt ging Mia weiter. Wo war der fünfte Stein? Sonnenschirme, nackte Bäuche, zerfledderte Zeitungen, angebissene Brote und – da lag er!

Schwarz und glatt. Neben einer Fünf aus kleinen Muscheln. Nachdenklich hob Mia ihn auf. Jetzt fehlte nur noch das Etwas mit blauen Punkten.

„Vielleicht ein Ball", murmelte Mia. „Oder ein Handtuch." Hinter ihr kicherte jemand. Mia drehte sich um.

Ein Mädchen grinste sie an. Ungefähr so alt wie Mia, na ja, vielleicht etwas älter. „Hallo", sagte es. „Ich bin Etta." Ettas Badeanzug hatte mindestens tausend blaue Punkte.

„Her mit dem Schatz", sagte Mia. „Ich hab dich."

Etta grinste noch breiter, griff in den

Brustbeutel, der um ihren Hals baumelte, und hielt Mia eine kleine Krebsschere hin. „Da! Ist das Beste, was ich hier bisher gefunden hab. Ich hab schon 'ne Menge gefunden. Aber die meiste Zeit langweilt man sich, oder?"

Mia nickte und ließ die Krebsschere auf und zu klappen. „Wo sind deine Eltern?", fragte sie.

Etta zeigte auf zwei Liegestühle. „Schlafen. Da muss man sich schon was einfallen lassen, um die Zeit totzuschlagen."

Den Rest der Ferien verschickten Mia und Etta gemeinsam Flaschenpost-Briefe. Etta schrieb sie, Mia warf sie ins Meer. Sie suchten zusammen Flaschen und Schätze, aber so was Tolles wie die Krebsschere fanden sie leider nicht noch mal. Sie malten Steine schwarz an, legten die Steinspuren und beobachteten, wer ihre Post aus dem Wasser fischte.

Einmal fand ein Junge, der sie schon oft geärgert hatte, die Flasche. Da buddelte Mia Etta ein, bis nur noch der Kopf rausguckte und kein einziger blauer Punkt ihres Badeanzugs mehr zu sehen war.

Der Blödmann suchte den ganzen Strand nach blauen Punkten ab. Ziemlich dumm sah er dabei aus. Etta kriegte vom Zuschauen so einen Kicheranfall, dass

der Sand von ihrem Bauch rutschte und Mia ganz schnell neuen draufschaufeln musste.

Irgendwann warf der Junge die Flasche wütend zurück ins Meer, und Etta sagte: „Tja, unsere Schätze kriegen eben nur Leute, die uns gefallen. Stimmt's?"

„Stimmt auf jeden Fall", sagte Mia. Und dann warteten sie auf den nächsten Flaschenpost-Finder.

Dünenschweine

Jo mochte das Meer nicht. Vielleicht, weil er nicht besonders gut schwimmen konnte. Manchmal kam es ihm vor wie ein riesiges nasses Tier, das ihn einfach wegschlabbern wollte.

    Aber Jo liebte den Strand. Wo sonst konnte man meterhohe Sandburgen bauen, mit Türmen und Gräben, Muscheldächern und langen Gängen, in denen es wunderbar kühl war, wenn Jo die sonnengebratenen Arme reinsteckte?

Jo buddelte leidenschaftlich gern. Zuhause zogen ihn die Nachbarkinder damit auf, dass er immer noch im Sandkasten spielte, aber das interessierte Jo nicht.

   Eines Tages, die Ferien hatten gerade angefangen, holte ihn sein Großvater morgens ab und fuhr mit ihm ans Meer.

Es war noch früh, als sie ankamen, und der Strand war fast leer. Jo suchte sich einen Platz nah am Wasser und legte sein Werkzeug zurecht: Eimer, Schaufeln, Gießkanne, ein paar verschieden dicke Stöcke. Dann machte er sich an die Arbeit, während sein Großvater im Liegestuhl hinter der Zeitung verschwand.

Als der Strand sich langsam füllte, hatte Jo einen Burgberg aufgeschüttet, der fast einen Meter hoch war. Der Graben drumherum war so tief und breit, dass Jo drin knien konnte. Sorgfältig klopfte er den Berg oben platt, formte Mauern mit Zinnen darauf, Treppen, Tore und vier dicke Türme. Dann fing er an, in den Berg hinein einen unterirdischen Gang zu graben. Das war immer das Allerbeste. Jo stellte sich die Gewölbe vor, in die der Gang hinabführte: geheimnisvolle Schatzkammern und Verliese, in die der Burgherr seine Feinde warf. Jos Finger gruben und gruben. Er

holte immer mehr feuchten Sand aus der Tiefe. Als sein Arm schon bis zur Schulter in dem kühlen Gang steckte, berührten seine Finger plötzlich etwas Weiches.

Jo zog den Arm so hastig zurück, dass er ein Riesenloch in den Berg riss. Schnell klopfte er den Sand wieder fest und schob den Arm vorsichtig noch einmal in das Loch. Da! Da war es wieder. Weich und pelzig. Jo versuchte, nach dem Etwas zu greifen, aber es kratzte ihn mit winzigen Krallen. Erschrocken riss er die Hand zurück und und lugte in das dunkle Loch.

Augen leuchteten ihm entgegen, schmal und grün. Und plötzlich schoss ein kleines pelziges Gesicht aus dem Loch, sah sich hastig um und wisperte: „Hast du Sonnencreme?"

Sprachlos hielt Jo dem Pelzgesicht die Flasche hin.

„Die Sorte mögen wir nicht", wisperte es

und verschwand wieder in der sandigen Tiefe.

Jo starrte auf die Burg, als hätte ihm das Etwas seine Schaufel auf den Kopf gedroschen.

„He", flüsterte er in den dunklen Gang hinein. „Seid ihr Sandhamster oder so was?"

Irgendwas tuschelte in der Tiefe. Dann tauchte das kleine Pelzgeschöpf wieder auf. „Dünenschweine!", nuschelte es. „Wir sind Dünenschweine. Hast du zufällig Salzstangen?"

Jo zuckte bedauernd mit den Schultern.

Das Dünenschwein rümpfte verächtlich die Nase und verschwand.

„He, wartet!", rief Jo leise in den Gang hinein. „Ich könnte euch was bauen." Und ohne eine Antwort abzuwarten, fing er an. Erst baute er eine hohe Mauer aus Sand und Steinen um den Burggraben herum, aber sehr viel Sichtschutz brachte die nicht. Da steckte Jo Stöcke oben

zwischen die Burgtürme und hängte sein Handtuch so darüber, dass es wie ein Baldachin die Burg und den Gang verbarg. Dann schob er vorsichtig Kopf und Schultern unter das Tuch und flüsterte in den dunklen Gang hinein: „Ihr könnt ruhig rauskommen. Bitte! Keiner kann euch sehen. Heiliges Ehrenwort!"

Eine ganze Weile rührte sich nichts. Doch dann krochen, vorsichtig schnuppernd, drei kleine, pelzige Wesen aus dem

Gang. Sie kletterten den Burgberg hinauf, stiegen über Jos Mauern und begannen, in der Burg herumzustöbern. Sie liefen die Treppen rauf, die Jo mit Wasser und Sand geformt hatte, und bestiegen die Türme, als hätten sie schon immer auf der Burg gewohnt. Leider brach ein Turm zusammen, und ein Dünenschwein rollte den Burgberg runter … Aber Jo konnte es auffangen, bevor es unter dem Tuch hervorkullerte. Er klopfte ihm den Sand aus dem Pelz, setzte es vorsichtig zurück auf den Burghof und wollte ihm gerade zum Trost einen kleinen Sandsessel formen, da hob jemand das Handtuch hoch.

Schnell wie Kugelblitze huschten die Dünenschweine in den Gang zurück.

„Na, mein Junge", sagte Jos Großvater. „Wollen wir ein Eis essen gehen?"

„Och nee, ich buddel lieber", antwortete Jo. „Aber du könntest mir Salzstangen mitbringen."

„Salzstangen?" Sein Opa hob erstaunt die Augenbrauen – und stapfte davon. Jo aber verschwand wieder unter dem Handtuch.

„Salzstangen kommen gleich!", wisperte er in den Tunneleingang. „Bleibt in Deckung, bis ich euch rufe!"

Er hatte gerade drei Sessel und einen Sandtisch auf den Burghof gebaut, da lugte sein Opa wieder unters Handtuch. „Nicht schlecht, die Burg", sagte er und ließ die Salzstangentüte in den Graben plumpsen.

„Danke Opa", sagte Jo. „Und tschüss!" Dann zog er das Handtuch schnell wieder zu. Ein Dünenschwein streckte schon schnüffelnd die Nase aus dem Tunnel.

„Es hat geknistert!", lispelte es. „Ganz deutlich."

Jo grinste und legte drei Salzstangen auf den kleinen Sandtisch. Blitzschnell saßen die Schweine auf den Sesseln.

„Mann, solche wie euch hätte ich gern in meinem Sandkasten", murmelte Jo, während er ihnen beim Knabbern zusah.

„Gibt's da Sand?", schmatzte das dickste Schwein.

„Aber klar!", flüsterte Jo schnell. „Und für Salzstangen würd ich natürlich auch sorgen."

Die Dünenschweine begannen, leise miteinander zu tuscheln.

Fünf Minuten später rüttelte Jo seinen schnarchenden Opa wach. „Ich will nach Hause", sagte er.

Sein Opa nahm überrascht die Zeitung vom Gesicht. „Jetzt schon?"

„Unbedingt!", erklärte Jo. „Ich glaub, ich krieg einen ganz schrecklich scheußlichen Sonnenbrand. Und außerdem muss ich zu Hause im Sandkasten noch was bauen."

Da stand sein Opa mit einem Seufzer auf und packte seine Sachen zusammen. „Salzstangen, Sonnenbrand, was ist heute bloß los mit dir?", murmelte er.

Das Schmatzen der drei Dünenschweine in Jos Rucksack hörte er zum Glück nicht.

Kleine Brüder

Kleine Brüder sind was Wunderbares, wenn man sich im Bett an sie rankuschelt oder wenn man ihre kleinen Speckhälse kitzelt oder sich darüber kaputtlacht, dass sie ‚Mallalade' und so was sagen. Aber auf sie aufpassen ist eine reichlich anstrengende Sache.

   Vor allem wenn man an einem Strand ist, an dem es von Leuten nur so wimmelt, und wenn man viel lieber eine Sandburg bauen würde, anstatt seinen kleinen Bruder dauernd aus dem Meer zu fischen.

Annas kleiner Bruder Max hatte ziemliche Angst vor dem Meer. Aber hinein lief er trotzdem. Viel zu weit meistens. Wenn das Meer glatt und still war, sang er dabei laut vor sich hin, aber wenn die Wellen ihm gegen den Bauch klatschten, schimpfte er und haute auf sie drauf. Er lief sogar um die Wette mit ihnen, und wenn er dann wieder in den warmen Sand plumpste, keuchte er: „Sieger! Ich war Sieger, du blödes Meer."

Das war ganz schön albern. Und sehr lustig für Anna, die schon acht war und richtig schwimmen konnte.

„Ich kann auch schwimmen", sagte Max, sobald Anna ihn an die Hand nahm und mit ihm ins Meer watete. Konnte er natürlich nicht. Aber wehe, Anna sagte das! Dann riss Max sofort wütend seine Hand los und stapfte allein weiter. Anna machte sich immer furchtbare Sorgen, dass er umfiel und unterging. Einmal am Tag passierte das mindestens, und obwohl Anna ihn meistens gleich wieder auf die Beine stellte, brüllte Max jedes Mal los wie tausend Teufel. Und Mama schoss von ihrem Handtuch hoch und rief, dass Anna doch bitte besser aufpassen sollte.

Aber wie sollte man das schaffen bei einem Bruder, der so schnell wütend wurde und glaubte, dass er stärker und schneller war als das ganze, riesige Meer?

Eines Tages bräunte Mama ihren Rücken, und Anna und Max bauten die tollste Sandburg aller Zeiten. Da stellte Anna fest, dass sie für die Spitze unbedingt noch einen Fahnenmast brauchten. Also sagte sie zu Max, dass er die Burg bewachen sollte und unbedingt und ganz bestimmt nicht weglaufen dürfte, und machte sich auf die Suche nach einem Eisstiel. Sonst lagen diese Dinger immer haufenweise im Sand herum.

Aber diesmal war es wie verhext, Anna fand einfach keinen. Sie suchte und suchte, wahrscheinlich suchte sie wirklich ein bisschen zu lange … Auf jeden Fall war Max verschwunden, als sie zur Burg zurückkam.

Anna bekam so einen Schreck, dass sie gar nicht mehr atmen konnte. Erst wollte sie sofort Mama wecken. Aber dann sah sie, dass die kleinen Fußabdrücke, die sie so gut kannte, nicht zum Wasser runterführten, sondern den Strand hoch zum Café.

Also ließ Anna Mama weiter bräunen und rannte los. „Speckmann!", rief sie, und „Maxiiiii!" und „Kuschelkerlchen!" Doch sie sah nur Sonnenschirme und Erwachsene, die sich an ihr vorbeidrängten. „Warum ist er nur so klein?", dachte Anna verzweifelt. „Wie soll man ihn da finden?" Ihre Hände fühlten sich furchtbar leer an ohne Maxis Speckfinger. Wenn er ihr jetzt Sand in die Haare geworfen oder ihre Schokolade geklaut hätte, es wäre ihr egal gewesen.

„Maxiii!", schrie sie so laut, dass alle sie anstarrten – und dann sah sie ihn plötzlich.

Ganz klein und verloren hockte er vorm Eingang zum Café und rieb sich heulend den Sand in die Augen. Anna sprang über eingecremte Beine, Strandtaschen und leere Handtücher auf dem Weg zu ihm und stieß sich den Zeh an einem Sonnenschirmfuß … Dann umarmte sie ihren kleinen Bruder so fest, dass sie fast die Luft aus ihm rausdrückte.

„Ich konnte mir gar nich ein Eis kaufen!", schluchzte er und rieb seine kleine

Rotznase an ihrer Schulter. „Ich konnte gar nich das Geld angeben." Und er hielt Anna eine kleine Münze hin, die er in seiner Speckhand hatte. Die hätte aber bestimmt nicht für ein Eis gereicht.

„Maxi!", sagte Anna mit ihrer allerstrengsten Stimme. „Du darfst doch nicht einfach allein losgehen. Was ist, wenn du geklaut wirst oder überfahren oder so?"

Beleidigt guckte Max sie an. „Ich bin doch schon groß", schniefte er und wischte sich über die Nase.

Da drückte Anna ihn noch mal ganz fest, und dann sagte sie: „Komm, Maxi, jetzt gehen wir zurück zu Mama, und du fragst, ob sie uns ein Eis kauft, ja?"

„Kannst du auch", sagte Max großzügig.

Aber Anna meinte: „Nee, nee, das mach du mal."

Denn das war auch praktisch an kleinen Brüdern: Eltern konnten ihnen nur sehr schwer was abschlagen.

Fremde Worte

Jeden Morgen, wenn Jule mit ihren Eltern zum Strand kam, war das andere Mädchen schon da. Mit seiner ganzen Familie. Immer an derselben Stelle, gleich neben dem Strandcafé.

„Können die sich nicht mal woanders breitmachen?", raunte Jules Vater am fünften Tag.

„Wir gehen ja auch nie woanders hin", sagte Jule und lächelte dem anderen Mädchen zu.

Es grinste zurück. Ihm fehlte vorne ein Zahn, genau wie Jule.

„Du meine Güte, worüber reden diese Italiener bloß ständig?", murmelte Jules Mutter, während sie sich eincremte. „Und dann in dieser Geschwindigkeit! Ein Wunder, dass sie nicht die eigene Zunge verschlucken."

Jule schlenderte zum Wasser und watete hinein. Das Meer war warm und ganz glatt. Das fremde Mädchen ging ihr nach. Sie rannten zusammen den Wellen entgegen und kicherten, wenn ihnen das Wasser gegen den Bauch klatschte.

Als sie genug davon hatten, setzten sie sich nebeneinander in den Sand und ließen das Meer an ihren sandigen Zehen lecken.

Dann bauten sie eine Sandburg. Jule buddelte, und Rosetta holte Wasser. Jule kannte den Namen ihrer neuen Freundin, weil die dicke Großmutter immer „Roseeeettaaa!" über den Strand rief.

Jule hätte gern mit ihr den Namen getauscht. Rosetta klang viel besser als Jule.

Wenn sie die Sandburg mit Muscheln verzierten, legte Jule Herzen und Rosetta kleine Blüten. Zum Schluss, wenn nicht eine Muschel mehr auf die Burg passte, grinsten sie sich an und sprangen mitten in ihr Kunstwerk.

Manchmal gab Rosettas Oma ihnen Kekse. Dann sorgte Jule für die Getränke. Mama behauptete zwar immer, dass sie kaum genug für sie drei dabeihatte. Aber wenn sie erst mal in ihrem Liegestuhl schlief, holte Jule die große Saftflasche aus ihrer Tasche. Dann teilte sie sich einen Becher davon schwesterlich mit Rosetta.

Am siebten Ferientag war Rosetta noch nicht da, als Jule an den Strand kam.

„Na bitte", sagte Jules Vater. „Endlich kriegen wir mal den besten Platz."

Jule suchte den ganzen Strand nach Rosetta ab. Zwei trostlos langweilige Stunden später kam sie. Aber diesmal war nicht ihre ganze Familie dabei, sondern nur ihre dicke Großmutter. Schwer atmend ließ sie sich in einen Liegestuhl plumpsen und lächelte Jule zu.

Jule lief gleich ins Meer, aber Rosetta blieb am Strand stehen. Sie hielt Jule etwas hin, ein kleines Muschelarmband, durch das kaum Jules Hand passte. Dann drückte sie Jule einen kleinen gefalteten Zettel in die Hand.

„Was hast du da für einen Zettel?", fragte Mama, als sie abends auf dem Hotelbalkon saßen.

„Rosettas Adresse", sagte Jule und strich den Zettel glatt. „Ich hab ihr meine auch aufgeschrieben. Rosetta ist nämlich weg."

„Rosetta? War das das italienische Mädchen am Strand?", fragte Papa. „Wie willst du der denn schreiben? Und woher weißt du, dass sie weg ist?"

Jule zuckte die Achseln. „Hat sie mir gesagt."

Ihre Eltern guckten sich an.

„Ach ja, wie habt ihr euch denn unterhalten?", fragte Papa spöttisch. „Auf Englisch?"

„Blödsinn." Jule sah ihn ärgerlich an. „Rosetta hat italienisch geredet und ich deutsch. Italienisch kitzelt im Bauch, wenn man zuhört. Habt ihr das schon mal gemerkt?"

Hatten sie nicht.

Als Jule nach Hause kam, steckte schon eine Postkarte von Rosetta im Briefkasten. Vorne drauf war Venedig, und auf die Rückseite hatte Rosetta ein Herz aus Muscheln gezeichnet. Das hatte sie ziemlich gut hingekriegt, fand Jule. Sie schickte Rosetta die allerallerschönste Karte, die sie von Hamburg finden konnte. Auf die Rückseite schrieb sie: „*Tanti saluti* von Jule", das hatte sie in Papas Reisewörterbuch nachgeguckt. Darunter zeichnete sie ihr Meerschwein, aber das kriegte sie nicht halb so gut hin wie Rosetta die Muscheln. Also guckte sie noch mal ins Wörterbuch und schrieb *porcellino* drunter – vorsichtshalber.

Bunte Schuppen

Toms Großmutter wohnte in Irland. Und wenn sie englisch sprach, klang das ganz anders als das Englisch, das Tom in der Schule lernte. Sie wohnte in einem alten Haus am Meer. Eiscafés oder Strandkörbe gab es dort nicht, nur den schmalen Weg, der hinterm Haus anfing und über ewig matschige Wiesen zu einer steinigen Bucht führte. Noch nie hatte Tom dort jemanden getroffen. Das Gras wuchs fast bis ans Wasser. Überall lagen Steine, auf denen man herumklettern konnte, und manchmal schwammen draußen auf dem Meer wilde Schwäne.

Wenn sie die Sommerferien in dem alten Haus verbrachten, lief Tom jeden Morgen gleich nach dem Frühstück runter in die Bucht. Er kletterte auf den Steinen herum, sammelte Schneckenhäuser und Muscheln, warf Kiesel ins Wasser und guckte den Kühen zu, die auf der anderen Seite der Bucht grasten. Seine Eltern fuhren fast immer zum nächsten Sandstrand, wo sie baden konnten. Außerdem gab es dort ein Restaurant in der Nähe. Aber Tom blieb am liebsten in der Bucht, wo er das Meer ganz für sich hatte.

Manchmal nahm er eine Tüte mit und stopfte sie mit all dem Plastikmüll voll, den das Meer in die einsame Bucht schwemmte. Woher der ganze Dreck wohl kam, die leeren Flaschen, alten Schuhe, Dosen und Kanister? Vielleicht vom anderen Ende der Welt oder von irgendeinem Schiff weit draußen auf dem Meer.

Eines Tages fand Tom auf einem Stein im Wasser seltsame bunte Schuppen, kaum größer als ein Fingernagel. Wie winzige schillernde Regenbögen klebten sie auf dem grauen Stein. Als er sie vorsichtig aufsammelte, legte sich plötzlich eine kleine grüne Hand auf seine Finger.

„Was willst du mit denen?", fragte eine leise Stimme, und eine Nixe steckte ihren Kopf aus dem klaren Wasser.

Tom setzte sich vor Schreck in den feuchten Sand.

„Sie sind schön", stammelte er. „Aber du … du kriegst sie natürlich zurück."

„Oh nein, du kannst sie behalten",

wisperte die Nixe. „Aber würdest du mir helfen? Mein zahmer Krebs ist in das Ding da gekrabbelt, und jetzt kommt er nicht mehr heraus!" Mit ihrem grünen Finger zeigte sie auf eine rostige Konservendose, die das Meer auf die Steine gespült hatte. „Ich habe ihm schon so oft erklärt, dass ich ihm nicht helfen kann, wenn er zu weit auf festes Land kriecht, aber ich fürchte", sie senkte die Stimme, „er ist nicht besonders klug."

Tom nickte verdattert. „Ich seh mal nach", sagte er, riss sich vom Anblick der Nixe los und lief zu der Dose. Sie klemmte ganz fest zwischen zwei

großen Steinen. Vorsichtig bog Tom den rostigen Deckel hoch und lugte hinein.

„Achtung!", rief die kleine Nixe, doch die Warnung kam ein bisschen spät. Tom fuhr zurück, aber da hing der Krebs auch schon mit einer Schere an seiner Nase.

„Kneifer!", rief die Nixe. „Kneifer, lass sofort seine Nase los. Nein, so was Undankbares!"

Der Krebs klapperte aufgeregt mit der freien Schere, ließ los und plumpste genau vor Toms Gummistiefel. Drohend klapperte er mit den Zangen noch mal zu dem fremden Riesen hoch, dann rannte er, so schnell ihn seine Krebsbeine trugen, zu seiner Herrin.

„Ja, komm her! Braver Krebs!", flötete die kleine Nixe und ließ den Krebs auf ihren Arm klettern.

Tom rieb sich immer noch die schmerzende Nase.

„Oh, es tut mir soooo Leid!", rief die Nixe, „aber er ist leider ein bisschen bissig. Du solltest die Nase mit Meerwasser kühlen, weißt du, sonst ist sie morgen doppelt so groß." Sie verkniff sich ein Kichern.

„Na gut, wenn du deinen Krebs festhältst", brummte Tom, ohne Kneifer aus den Augen zu lassen.

„Versprochen", sagte die Nixe.

Da kniete sich Tom auf einen großen Stein und hielt die Nase ins Meer.

Als er prustend wieder hochkam, streckte ihm die Nixe eine ganze Hand voll von ihren schillernden Schuppen hin.

„Ich danke dir sehr", wisperte sie. „Und Kneifer auch, er kann das nur nicht so zeigen, weißt du?"

Der Krebs saß auf ihrer grünen Schulter und klapperte mit beiden Scheren. Tom traute ihm immer noch nicht. Doch die Schuppen waren wunderwunderschön. Vorsichtig strich er mit dem Finger darüber. Als er den Kopf hob, um sich zu bedanken, war die Nixe verschwunden.

Nur die Fußspuren von ihrem zahmen Krebs konnte man immer noch erkennen.

Das beste Fundstück

Bens Eltern fuhren jedes Jahr ans Meer. Mal in den Süden, mal in den Norden, manchmal mit dem Schiff, manchmal mit dem Flugzeug – aber ans Meer fuhren sie immer. Ben hätte sich zur Abwechslung gern mal einen Vulkan angeguckt oder wäre mit dem Aufzug in den hundertsten Stock eines Hochhauses gefahren. Einen Indianer hatte er auch noch nie gesehen, von Eskimos, Eisbären oder einem richtigen Urwald ganz zu schweigen.

„Das kommt alles noch", sagte sein Vater. Aber dann fuhren sie in den nächsten Sommerferien wieder ans Meer.

„Gut", dachte Ben, „dann werd ich eben Meeresforscher." Und er fing an, sich von jedem Meer ein Marmeladenglas Sand mitzubringen, eine Keksdose voll Muscheln und Schneckenhäuser und jede Menge Fundstücke. Seine Eltern schimpften zwar, wenn er ihnen Steine und Schwämme in den Koffer packte, aber sie schleppten sie mit.

So füllte sich das Regal in Bens Zimmer mit sorgfältig beschrifteten Sandgläsern, Muschentellern und Schachteln voller Schneckenhäuser. Die Steine legte er in ein großes, mit Wasser gefülltes Einmachglas, denn sie sahen hübscher aus, wenn sie nass waren. Und ganz

besondere Fundsachen bewahrte er
in einem Schuhkarton auf, den er wie
eine Schatzkiste angemalt hatte. Krebsscheren lagen da drin, ein Stück Seeigelpanzer, ein versteinertes Schneckenhaus
und ein Foto, auf dem nicht viel zu sehen
war. Wenn man genau hinsah, erkannte
man lauter kleine Schneckenhäuser, die
im grünen Wasser an den Felsen klebten.

„Was soll denn das Foto?", fragte jeder,
dem Ben seine Schätze zeigte.

„Das ist zur Erinnerung", antwortete Ben dann. „An das Beste, was ich je gefunden hab."

An einem Strand in Sardinien hatte er sie entdeckt. An einer Stelle, die so felsig war, dass niemand sonst sich hinverirrte.

Riesige Granitbrocken lagen dort im groben Sand, als hätte ein Riese sie verstreut. Auch im Meer lagen überall Steine. Als Ben von einem zum anderen hüpfte, entdeckte er plötzlich an einem Felsen, nur eine Handbreit unter Wasser, die schönsten Schneckenhäuser, die er je gesehen hatte. Es waren so viele, dass er gar nicht wusste, nach welchem er zuerst greifen sollte.

Hastig schraubte er das Marmeladenglas auf, das er immer dabeihatte, und pflückte ein Haus nach dem anderen vom Fels, bis das Glas fast voll war. Dann kletterte er auf einen großen sonnenwarmen Granitbrocken, um seine Schätze zu betrachten.

Vor Schreck wäre ihm fast das Glas aus der Hand gefallen. Da drin krabbelte und kroch es übereinander. Kleine schwarze Beine strampelten, tasteten hektisch und versuchten, an dem glatten Glas hinaufzukriechen.

Erst traute Ben sich kaum, hineinzugreifen, aber dann fischte er doch ein Schneckenhaus aus dem Gewimmel, um es sich aus der Nähe anzusehen. In dem Schneckengehäuse steckte ein winziger Krebs. Die schwarzen Beinchen kratzten an Bens Fingern, als wollten sie sich daran festkrallen. Schnell warf Ben ihn zurück in das Glas.

Dann guckte er raus aufs Meer und dachte nach. Eine ziemliche Weile, während die Krebse weiter aufgeregt übereinander krochen. Schließlich seufzte Ben und kletterte zurück zu der Stelle, wo er die Schneckenhäuser gefunden hatte. Vorsichtig schüttete er die Krebse zurück ins Meer. Alle.

„Du hast keinen einzigen mitgebracht?", fragte ihn sein bester Freund, als er das Foto sah. „Nicht mal einen?"

„Nee", antwortete Ben. „Hab keine Lust, mir dauernd die toten, vertrockneten Beine anzugucken."

Das Foto reichte. Er brauchte es bloß anzugucken, dann fühlte er sie an seinem Finger kratzen, die kleinen, schwarzen Beinchen.

Er spürte es ganz genau.

Cornelia Funke wurde 1958 in Dorsten/Westfalen geboren. Nach dem Abitur studierte sie Pädagogik und arbeitete dann mit vielen wilden Kindern auf einem Bauspielplatz in einem Hamburger Neubauviertel. Zusätzlich fing sie an der Fachhochschule für Gestaltung ein Studium für Buchillustration an. 1987 machte Cornelia Funke sich selbstständig und schreibt und illustriert seitdem Kinderbücher.

Karin Schliehe, geboren 1964, studierte Grafik-Design mit dem Schwerpunkt Buchillustration. Seit 1989 arbeitet sie als freie Illustratorin für verschiedene Verlage. Neben Bilder- und Kinderbüchern gestaltet sie auch lustige Spiele für vergnügliche Stunden.

Bernhard Mark, Jahrgang 1951, studierte nach einer Lehre als Graveur an der Berliner Hochschule der Künste. Heute arbeitet er als freier Grafikdesigner und gestaltet im gemeinsamen Atelier mit Karin Schliehe Bilder- und Kinderbücher sowie Bücher für den Rest der Welt.

Leselöwen

Der bunte Lesespaß

Loewe